AF409980

Formar para descansar

Formar para descansar

Mayra Adames Henríquez

Publicado por: Editorial Bien-etre.

Diagramación: Karla A. Bidó Mateo
Diseño de portada: Mary Pérez

ISBN: 978-9945-628-60-9
Edición: Editorial Bien-etre.
www.a9od.com
Primera edición 2021.

MAYRA ADAMES HENRÍQUEZ

FORMAR PARA DESCANSAR

Índice

FORMAR PARA DESCANSAR

*Una guía de formación preventiva
para quienes tienen hijos en edad escolar*

Mayra Adames Henríquez

DEDICATORIA

A mi Dios y Señor, por ser mí guía, dador y maestro.

A mi esposo, José Morales, amor y compañero de vida por treinta años. A mis hijas, María Alejandra y Rossiel, por darme la experiencia vívida de este libro. A mi madre, Lorenza A. Henríquez, por animarme tanto. A mis hermanos, Amelia; Pedro Julio e Yris por ser parte de mi vida y del hogar donde me formé.

A mi Pastor Wilson Carrero, quien me motivó a estudiar esta hermosa carrera. A las iglesias de la cual soy parte, en especial a la Iglesia Evangélica de Oración – Ozama.

A los pacientes que motivaron el tema "Formar para Descansar", los protagonistas de esta guía. A todos los padres, madres, y tutores que desean formar hijos sanos, autónomos y felices.

PRÓLOGO

Formar para descansar, de Mayra Adames, es un importante aporte para padres que quieren formar hijos felices y responsables.

La idea de "formar" es clave pues la crianza es exactamente eso: construir el cerebro que dirigirá la vida de nuestros hijos cuando se vayan de la casa. Esto se refiere a la 'neuroplasticidad', o capacidad del cerebro para construirse y reconstruirse en base a la experiencia. Es literalmente un proceso de construcción, como un edificio, o un gran proyecto. Por esto sabemos que criar no es solo modular o refinar, sino formar los hábitos que definirán la personalidad de nuestros hijos.

El aporte importante es "formar para descansar", es decir, para cosechar luego los frutos positivos y entregar a la sociedad ciudadanos capaces de construir el bienestar general, en lugar de antisociales, que sufran o hagan sufrir a los demás por sus comportamientos inadaptados. Por esa falta de 'descanso' algunos hijos hacen que sus progenitores mueran antes de tiempo, pues les hacen la vida tan difícil que todo se les complica. El descanso implica sentir satisfacción por sus logros, la seguridad de que están capacitados para tomar las mejores decisiones y sabernos parte crucial de ese proceso.

Formar para descansar es una apuesta a la resiliencia de nuestros hijos, a criarlos de tal forma que sean capaces de tomar las mejores decisiones, y para eso se propone formar hijos con autosuficiencia como resultado de una crianza saludable.

Damos la bienvenida a esta obra sencilla pero importante, para padres y madres decididos a cumplir la labor que la sociedad les ha encomendado.

Dr. José Dunker L.
Otoño del 2021
Santo Domingo, RD

Introducción

Formar para descansar es una guía que le permitirá conocer los principios formativos que no deben faltar en la educación de sus hijos **para evitar la carga emocional y financiera que representa continuar ayudándolos, aun después de casados.** Además, le dará la satisfacción de una loable formación educativa, permitiendo que ellos logren sus propios sueños e independencia y desarrollando las capacidades que usted le ayudó a descubrir. Es un reto para quienes deseen tener una familia saludable y funcional.

Surge como una necesidad observada en muchas familias que acuden a terapia en el Ministerio Evangelístico Cristiano Edifiquemos Juntos. En nuestras consultas, los casos que se repiten con frecuencia se derivan de los errores cometidos en la crianza de los hijos.

Por esta razón, a medida que avanza en su lectura podrá ir concibiendo una proyección del desarrollo de sus hijos. Donde, en una línea imaginaria, los visualizará desde que son niños, hasta convertirse en adultos responsables. **Queremos poner al alcance de los padres y madres con niños en formación, una herramienta que facilite el proceso y les permita hacerlo con mayor conocimiento.** Aunque no hay una fórmula perfecta para criar a un hijo, estoy convencida de que poniendo en práctica los conceptos que aquí se exponen, será más asertivo en la formación y educación de su familia.

Le animo a tomar este reto convirtiendo en realidad uno de los mejores sueños: tener hijos felices y autosuficientes. Más adelante encontrará algunas de las experiencias profesionales que motivaron la elaboración de esta guía. Es probable que en alguno de los casos pueda ver reflejada una situación que ya conoce, sea en su propia familia o en la de alguna pareja amiga. Aquí encontrará enseñanzas que le llevarán a una crianza más efectiva, permitiendo que usted también crezca como ser humano y mejore su desempeño como padre, madre o tutor.

Le puedo garantizar que poniendo en práctica las ideas y los tips sugeridos en varios capítulos, según la necesidad formativa de sus hijos, usted logrará lo que todo padre y madre desea: hijos felices y saludables emocionalmente.

Mi mayor propósito con esta guía es la prevención formativa para evitar la penosa vida de padres maduros, cansados y atrapados en sus errores de formación.

CAPÍTULO I

EL PRIVILEGIO

La posición de mayor privilegio que una persona puede recibir, es la de tener y formar hijos que reflejen los valores de la familia y contribuyan con la sociedad. Al parecer, no comprendemos cabalmente la magnitud de nuestro papel. **Somos formadores de la raza humana y copartícipes en el crecimiento poblacional.** A diario nos quejamos de personas con mala actitud, sin embargo, de manera inconsciente, vamos reproduciendo estos individuos como cualquier factoría industrial, sólo que lo hacemos en micro empresas, con nuestros hijos e hijas en casa.

Las personas que protagonizan la política son líderes formados en nuestros hogares. Lo mismo que en la justicia, la industria farmacéutica, la banca, empresas de servicios y por qué no, la producción de aquellos que delinquen en las calles. Es tiempo de asumir responsabilidad sobre la sociedad que deseamos, y emanar nuestras acciones hacia ello. Es seguro que podemos mejorar considerablemente el nivel formativo de las siguientes generaciones. **Si cada nueva pareja recibe en sus manos un manual que le muestre cómo desarrollar una familia saludable,** seguro podremos mejorar considerablemente el nivel formativo de las siguientes generaciones.

En *Formar para descansar*, queremos despertar el paladín que hay en cada hombre y mujer con hijos en edad formativa. Mostrarles que **el cambio social se inicia con nosotros, y las acciones que afrontemos en la educación de nuestros hijos.** Piense que, lo quiera o no, usted está aportando a la sociedad. Las preguntas a responder serían: ¿Qué está aportando? ¿Adultos con trastornos de personalidad? ¿Antisociales? o ¿Personas sanas de encomiable valor? Recuerde que estamos formando a la generación que nos va a relevar.

Los principios contenidos le ayudarán a desempeñar sus funciones de padre, madre o tutor con una sorprendente capacidad. Le animo a que esté tan dispuesto como sea posible para formar los hijos que le permitirán descansar cuando los coloque en la línea de su carrera por la vida, y usted sea un observador de su trayecto; admirando el desempeño de sus valores, habilidades y destrezas.

Al decidir poner en práctica estas instrucciones, usted inicia el proceso de capacitación hacia la paternidad integral, donde **formar y educar seres humanos se constituye en la mayor concesión de nuestra especie.**

Aquí estamos decidiendo el cambio que queremos ver en nuestra sociedad, a partir del trabajo de formación de nuestras propias familias. **Solo integrando familias funcionales, podremos encaminarnos a ser el país desarrollado con el que soñamos.**

Asumiendo el compromiso

Ser padre o madre no es una obligación, es una decisión que usted tiene la oportunidad y el privilegio de asumir. En los países más desarrollados, un buen número de personas decide no tener prole. Decisión con la cual nos identificamos si no se tiene una clara comprensión del compromiso que se asume.

Debemos entender que hay una marcada diferencia entre tener y educar hijos. A diario escuchamos a personas decir, "tengo tres niños" y eso es visible. Las preguntas que debemos hacernos son: ¿Estamos educando correctamente a dos, tres, o cuatro prospectos para ser insertados a la sociedad? ¿Con nuestro aporte, mejoraremos la calidad humana de la sociedad de la que somos parte?

Según la Real Academia Española (2021) podemos distinguir lo siguiente:

Tener: significa "Poseer en su poder" (Real Academia Española, s.f., tener).

Educar significa: Dirigir, encaminar, doctrinar. Desarrollar o perfeccionar las facultades intelectuales y morales del niño o del joven por medio de preceptos, ejercicios, ejemplos, etc. Educar la inteligencia, la voluntad. Desarrollar las fuerzas físicas por medio del ejercicio, haciéndolas más aptas para su fin. Perfeccionar o afinar los sentidos. Educar el gusto, el oído. Enseñar los buenos usos de urbanidad y cortesía (Real Academia Española, s.f., educar).

Asumamos el compromiso de aportar a la humanidad mejores seres humanos. Que el mundo sea mejor por nuestras acciones y las de nuestro núcleo familiar.

Formar para descansar es una herramienta que pongo en sus manos, asumiendo modelos responsables de las personas que serán sus hijos al llegar a la adultez. Aunque usted sea asistido por sus padres, una niñera, o algún otro familiar debe comprender que **usted está al mando** de la formación de sus pequeños. Ellos nunca podrán sustituir su lugar, y usted jamás debe cederlo. Recuerde que **sus hijos son parte de su proyecto de vida,** y están aquí con el propósito de hacer de usted, una madre y un padre aprobado que aportan a la sociedad, la élite que hace falta, **personas benignas consigo mismas y con los demás.**

En mi país, República Dominicana, la formación de los niños se hace más compleja por el contexto cultural, pues en las consultas escuchamos a muchos padres, rechazar los avances educacionales que se están logrando. Asumen que como ellos fueron formados con mano dura, hoy en día no son delincuentes y que la juventud actual no se quiere someter. Se hace espinoso en terapia trabajar con un adolescente que se muestra rebelde o depresivo, y al mismo tiempo con unos padres carentes de conocimientos en términos generales.

Si bien es cierto que los que vivimos los años setenta y ochenta fuimos educados en base al respeto, la moral y la ética, no menos cierto es que esa forma de educar venía cargada de una represión a la que esa generación no estaba dispuesta a confrontar y menos a cuestionar. Aunque el gobierno dominicano tiene un acuerdo desde el año 1952 con el Fondo de las Naciones Unidas para la protección de los derechos del niño, en aquellos años, no se llevaba a la práctica.

La Comisión Económica para América Latina y el Caribe señala que:

> Antes de la crisis del COVID-19, las niñas, niños y adolescentes ya eran una población con marcada vulnerabilidad, con una mayor incidencia de la pobreza respecto de los demás grupos etarios, y se veían afectados por múltiples desigualdades en diversas dimensiones. Ahora también corren más riesgo de padecer inseguridad alimentaria y de su-

frir violencia o maltrato físico. Es urgente, por lo tanto, invertir en la infancia y garantizar su desarrollo en un contexto lleno de adversidades, unas nuevas y otras más antiguas (CEPAL, 2020, párr.1).

Actualmente existen instituciones que se han encargado de enseñarle a la nueva generación que tienen derechos a ser respetados y a cuidar su integridad física y emocional.

Para asumir el compromiso de formar y hacerlo bien, debemos reconocer que la manera en que fuimos formados nos aporta un conocimiento que puede ser superado. De ahí la importancia de evaluar una guía que va de acuerdo a las reglas generales que deben darse en las interacciones familiares.

Le animo a continuar identificando los recursos y principios necesarios para lograr una buena y saludable formación para sus hijos.

Experiencia profesional

El padre y la niña

Hace poco un padre en consulta decía que no entendía la rebeldía de su hija de nueve años, ya que él le daba todo lo que ella necesitaba.

—¿Conoce usted realmente la necesidad de su hija? —le pregunté.

Él inclinó la mirada al piso. Se hizo un silencio prolongado y al final movió la cabeza de manera negativa.

—Los niños no siempre presentan de manera clara su necesidad, y resulta complicado para los padres entender cuál es. Esta es una de las razones por las que llenan los hijos de regalos, le compran ropas y tipos de comida para agradarlos. No obstante, para interpretar correctamente la demanda de su hija usted debe estar cerca de ella —le aseguré.

En esa cercanía, puede conversar y conocer sus sentimientos, apegos emocionales, amigos o compañeros y sus preferencias de diversión.

Por ejemplo:

Si usted va a un supermercado para hacer compras y en algún pasillo una promotora le presenta un nuevo artículo con excelentes beneficios, es probable que lo tome. De ocurrir de nuevo en otra área, usted puede llegar a la caja con su carrito lleno de productos. Pero sus necesidades continúan pendientes.

La pareja de esposos

Una pareja de esposos de sesenta y cuatro y sesenta y seis años, presentaban peleas constantes razón por la cual, llegaron a terapia. En el proceso de la entrevista es mencionado un hijo que tiene veintinueve años, soltero y que aún continúa viviendo con ellos. Durante una sesión, el esposo dice que las peleas aumentan cuando el hijo llega. Regresaba de madrugada todos los días y aunque los padres le rogaban que llegara más temprano parecía hacer caso omiso a sus peticiones.

—¿Alguna vez le han pedido que se mude? —pregunté a la pareja.

—Noooo, porque él no se ha casado —respondió la madre y enseguida buscó la mirada del esposo, como esperando apoyo.

—¿Y si él decidiera no casarse? —cuestioné en seguida.

Ambos quedaron desconcertados ante mi pregunta, al parecer no habían considerado esa posibilidad.

Respuestas como esta nos indican el grado de desconocimiento y apego cultural que atraviesa la formación paterna y materna en nuestro país. Como este, hay muchos casos sobre todo de muchachas adultas que trabajan y son profesionales. Estas chicas pasan la mayoría de edad y hacen uso de sus derechos como adultas; toman sus decisiones, salen con sus amigos y llegan tarde o de noche. Recuerdo el caso de una madre que alegó tener trastornos del sueño porque su hija de treinta y un años llegaba muy tarde y el lugar donde vivían era peligroso, la madre no dormía hasta que la hija no llegaba y esa hora se extendía en ocasiones hasta las 4:00 a. m.

Si bien es cierto que nuestro país no ofrece las facilidades económicas para cierta independencia de los jóvenes, los padres deben aprender que, aunque ellos no se hayan casado, es su derecho descansar, poner límites y hacerse respetar.

Esposa angustiada

Una joven mujer llegó con angustia y depresión. Esperamos que se calmara para iniciar la sesión. Era casada y con tres niños de dos, cinco y nueve años. Vivía en la casa paterna del esposo con los padres de este. Su esposo no trabajaba, era el menor de tres hermanos y tenía treinta y siete años. Ella fue a la consulta porque su esposo le había dicho que tenía problemas y estaba mal de la cabeza.

—¿Por qué piensa que dice eso? —pregunté.

—Porque discuto mucho con su mamá. Ella quiere hacer todo a su modo y mi esposo es como un mueble —respondió angustiada.

—**¿A qué cree que se debe que su esposo sea como un mueble?** —le cuestioné.

—A que ella lo crio para ella y no quiere que él se vaya —respondió la paciente.

Esta es otra de las respuestas repetidas, algunos padres forman a sus hijos para la dependencia prolongada. Esta es una manera inconsciente de evitar el miedo a la soledad y enfrentar el nido vacío; momento en que los hijos se casan y se van del hogar. Cuando esto sucede, muchas parejas se sienten solas.

Una madre soltera

Una señora llega a la consulta y dice ser madre soltera con una hija de veintisiete años que no quiere estudiar. Le faltó un año para terminar el bachillerato. Sale de noche los fines de semana y llega a las dos o tres de la mañana. La madre no duerme bien, trabaja mucho y se siente agotada. Cuenta que incluso fue a la escuela donde ella estudiaba y buscó sus papeles con la intención de reinscribirla en otra escuela los fines de semana, para que termine sus estudios. Al escuchar a esta madre hablar de esa manera tan protectora, decidí hacerle unas preguntas.

—¿Desde cuándo llega tarde? —pregunté.

—Desde que le conseguí el trabajo —respondió rápidamente la señora.

—¿Recuerda algo que su hija haya logrado sola? —interrogué nuevamente.

La madre se rio a carcajadas

—Desde siempre todo lo hago yo —dijo y enseguida se calló.

Hizo silencio por un momento.

—Lo estoy haciendo mal, ¿verdad? —preguntó.

—¿Usted qué considera? ¿Ha logrado sus objetivos? ¿Tiene

una hija independiente o encaminada a la dependencia? —cuestioné.

—Nunca lo había visto de esa manera, es decir que sin querer estoy haciendo todo lo contrario de lo que deseo con ella; porque deseo que sea independiente y un día pueda salir de mi casa —respondió.

Se quedó en profundo silencio, entrando en un estado reflexivo.

Esta última pregunta señala algunos de los errores cometidos en la formación de los hijos.

Recuerdo una pareja que llegó a terapia porque según la esposa, ellos no estaban nada bien. Cuando le pregunté en qué aspecto no estaban bien, respondió que ella trabajaba mucho y que el esposo era muy exigente porque la comida tenía que estar a su hora, aunque ella salía del trabajo al medio día para ir a cocinar. Además, agregó que se pasaba los fines de semana lavando y limpiando.

—¿Viven solos? —decidí preguntar.

—No, tenemos tres hijos, una hija mayor y los niños —respondió la madre.

Ambos se buscaron la mirada.

—¿Qué edad tienen sus hijos? —Pregunté a la madre.

—Nuestra hija tiene veintidós años, pero está en la universidad y los niños son mellizos de diecisiete años —afirmó.

—¿Sus hijos trabajan? —pregunté dirigiéndome a los dos, con la intención de que hicieran conciencia de que sus hijos no eran niños.

—No, ninguno trabaja, solo estudian. Pero ella no quiere ponerlos hacer nada, usted sabe, dizque para que saquen buenas notas —comentó el padre.

Estos son unos cuantos de los tantos casos que vemos de manera repetida en las sesiones. Muchos padres y madres no comprenden que "facilitar" la vida de los jóvenes de forma repetitiva, los convierten en personas improductivas. Queriendo hacer algo bueno, sin querer, hacen todo lo contrario. ¿Considera que evitarle responsabilidades les hará más eficientes?

Le invito a continuar la lectura del próximo capítulo para conocer los recursos necesarios y asumir el reto.

CAPÍTULO II
Los recursos para emprender el reto

Para ser padres exitosos, le animo a cambiar su mentalidad. *Formar para descansar* es un recurso que cambiará por completo su manera de pensar en función de lo que conocemos, cuando hablamos de formar y educar a nuestros hijos. Este libro transformará su vida y la de su familia, acepte la oportunidad de conocerlo en su totalidad. Luego disfrute el hecho de que la familia sume paz en su vida e impacte positivamente su círculo y la sociedad de la que forma parte.

A continuación, le mostraré los recursos que serán indispensables para el logro de los objetivos trazados. Le animo a poner en práctica cada uno de ellos y los resultados no se harán esperar. Valore cada uno de estos recursos y el esfuerzo será recompensado al disfrutar una familia con menos problemas en sus interacciones que la gran mayoría.

PRIMER RECURSO:

Aprender lo que desea enseñar

Muchas veces habrá escuchado la frase proverbial "nadie da lo que no tiene", actualmente está en desuso, pero es entendible para la mayor parte de los lectores. Una observación sería, "La persona no da lo que no tiene". Este es el punto. Debo señalar que, **si usted no se dispone a aprender y poner en práctica, modales, conductas y acciones, guiadas por valores morales, éticos y espirituales, entonces es muy difícil formar hijos e hijas con estas características.**

¿Qué haría usted para enseñar a su hijo de cuatro años a hacer una cometa? Le aseguro que si solo le explica cómo se hace, él no lo comprendería. Pero si toma papel, tiras, palitos, pegamento e hilo, y se sienta con él para hacerla juntos, tiene mayor probabilidad de que el niño lo pueda lograr. **Esto implica que usted debe aprender primero a hacer la cometa.** ¿Comprende la idea? Usted terminará adquiriendo una habilidad que a lo mejor no sabía que tenía.

Este es solo un ejemplo simple de las habilidades que usted va a ir adquiriendo en el proceso de formación que lo llevarán a un nivel de crecimiento personal jamás imaginado. Con cada nuevo proceso de enseñanza usted se irá posicionando en niveles más altos de conciencia y desarrollo. Si en algún momento se quejó de que sus padres no le dieron algo más porque sus conocimientos eran limitados, ahora tiene la oportunidad de aprender y enseñar a sus hijos de una mejor manera.

No somos responsables del hogar en el que nos formamos, pero si del que logramos tener cuando somos adultos.

Acostumbramos a decir que "no nos preparan para ser padres", pues creo que ese paradigma ha cambiado. Para nadie es una sorpresa que el mundo ha cambiado en los últimos cincuenta años. Somos testigos de los grandes avances científicos y tecnológicos, los cuales se han extrapolado a la educación. Hoy día se habla de la neurociencia y de nuevas maneras en que los niños y los adultos aprenden. Este libro es una muestra de que sí existe capacitación para las personas que deciden formar hijos como adultos responsables de sus acciones, con valores que mejoren la vida en sociedad y construyan un mundo mejor. **Como padre o madre, solo debe mostrar disponibilidad para aprender lo que desea enseñar.**

SEGUNDO RECURSO:

Relación saludable del matrimonio

Para formar adecuadamente, un recurso importante que usted necesita es una relación de pareja saludable. Es poco probable que si su relación matrimonial es disfuncional usted pueda proporcionar una exitosa formación a sus hijos. Debe enfocarse en su relación marital en primer lugar y fortalecerla tanto como sea posible, ya que necesitará establecer acuerdos y la aprobación de su pareja en el proceso de formación.

Debe conocer el nivel de persuasión y manipulación que manejan los pequeños, debido a que este aumenta de manera teatral cuando perciben que los padres están manejando alguna diferencia en su relación de pareja. El Dr. José Dunker diría en una de sus conferencias "Si papá y mamá están bien, los hijos van a estar bien". Lo importante es que como padre y madre entiendan su función como columna y soporte de la construcción familiar que desean desarrollar. Los padres son el fundamento estructural sobre el que los hijos se forman. Si la relación es saludable, basada en el amor, el respeto mutuo, la consideración, los valores y las buenas costumbres, es seguro que los hijos lo verán y modelarán todo aquello que ven en su familia de origen.

De lo contrario, es probable que deba revisar y trabajar en su relación de pareja, por lo que se hace necesario conversar con su cónyuge. Consiga su primer cómplice para el logro de este objetivo.

Aquí inicia un primer cambio para usted. Como individuo debe entrenarse para sostener cada día mejor la comunicación con su pareja. Así evitan bloqueos y dificultades que luego los pequeños pueden utilizar para manipular a los padres. Le recomiendo formar parte de algún grupo de pareja y buscar orientación profesional si la considera necesaria. Recuerde que formar una familia saludable implica que primero su relación de pareja lo sea.

Relación de la persona soltera y la paternidad

Aunque en nuestro país un gran número de chicos son formados por las madres solteras, queremos hablar en términos de la persona soltera, ya que en menor proporción aparecen también padres que enfrentan solos la formación de sus hijos.

Si usted es una persona que está formando hijos unilateralmente, le recomiendo hasta donde sea posible, intentar mantener una sana relación con el otro progenitor. Aunque en ocasiones esto resulta difícil, le quiero animar a dar el primer paso. Demuestre que usted está creciendo como ser humano y que la relación se puede sostener de manera civilizada. Esto le permitirá llevar a cabo su rol como formador/a de un modo más fructífero.

Como madre tengo una experiencia que me gustaría ilustrar para llevarlos a comprender lo antes dicho. Mi esposo y yo tuvimos el privilegio de colaborar en la formación de la única hija de una de mis tías. Como no teníamos hijos todavía, intentábamos actuar con la pequeña de tres años, de la mejor manera posible. Quisimos educarla según nuestras creencias, reglas y valores. En algunas temporadas todo iba de maravillas, hasta que la madre de la niña regresaba. Se la llevaba consigo durante unos días y al retornar, debíamos iniciar todo el proceso de aprendizaje nuevamente. Sufrimos un agotamiento emocional y en la adolescencia ella terminó quedándose con su madre, mi tía materna.

Esto nos dio la experiencia para comprender que debíamos estar de acuerdo en el tipo de formación que daríamos a nuestra hija que nació ocho años más tarde. Considerar las creencias, reglas y valores del otro progenitor es importante para llegar a un acuerdo que favorezca la formación, de lo contario se le estaría dando un doble mensaje a los niños. De este modo es muy difícil lograr su propósito ya que estaría constantemente entrando en contradicción con el otro progenitor.

Si por el contrario es una persona soltera, que por alguna razón no tiene ningún contacto con el otro progenitor de su pequeño. Cobre ánimo y manos a la obra… aplique la guía de formar para descansar y verá sus resultados.

TERCER RECURSO:

Capacitación y entrenamiento

No es un secreto que las personas nos iniciamos en la posición de padres, sin la mínima idea de lo que esta tarea representa para nosotros, nuestros hijos y la sociedad en general. En ocasiones los individuos se convierten en padres por accidente. La novia sale embarazada o la esposa olvida tomar la pastilla. Aquí se inicia un proyecto de vida accidentado y sin ninguna preparación previa; basado en el factor sorpresa y con el tiempo en contra para tomar algún tipo de capacitación al respecto. Esta es una penosa situación para la cual no se está preparado.

Cualquiera entendería que, para ocupar la posición de gerente general de una empresa, se debe tener la preparación, la capacidad y el entrenamiento necesario para desarrollar con eficiencia tal función.

Para cualquier trabajo lucrativo en términos económicos, las personas estudiamos carreras, maestrías, doctorados, congresos, idiomas y todo cuanto sea necesario para estar a la vanguardia y actualizados en nuestras respectivas áreas de desempeño. ¿Esto es importante? Claro que sí, pero es fundamental pensar que debemos hacer lo mismo para desarrollar nuestra carrera como padres y madres exitosos.

¿Qué capacitación tiene sobre paternidad?

Si lo vamos a hacer, entonces hagámoslo bien.

Cuando usted quiere o aspira a una buena posición laboral ¿Qué es lo primero que asalta su mente? Sin dudas pensará que debe estudiar para ello, capacitarse en el rol que desea desempeñar, **según la magnitud de nuestras aspiraciones será el esfuerzo al que estemos dispuestos.** Toda capacitación requiere de recursos económicos, de tiempo, y disposición. De igual modo usted debe invertir asistiendo a charlas, comprando libros como el que tiene en sus manos y participando en talleres de entrenamiento.

En la época de nuestros abuelos, el prejuicio ahogaba la psicología y lo más cercano a ella era una correa, un zapato o cualquier objeto que estuviera cerca. Hoy en día por fortuna tenemos a muchos psicólogos, terapeutas familiares y especialistas en el área infantil. Si esto fuera poco, existe un experto para cada área en las redes sociales. Lo importante es que se mueva hacia la búsqueda de información y adiestramiento.

Capacitación en inteligencia emocional

Este es uno de los recursos más importantes, de mayor provecho para usted y para su hijo/a. Aprender a gestionar correctamente sus emociones, lo preparará para formar hijos emocionalmente sanos y con esta herramienta, créame, ya tiene un gran trecho del camino.

Usted debe aprender (para poder enseñar, como expliqué en el primer punto). Conozca que las emociones forman parte de nuestra naturaleza, que nos está permitido sentir miedo, ira, tristeza, aversión, o alegría. Cada una de estas emociones asaltan nuestra vida en determinado momento, pero debe crear conciencia de en qué momento aparecen. Primero **debe identificarla,** asumirla por un momento para luego decidir consciente y responsablemente, cómo reaccionar. Un ejemplo de esto, lo podemos encontrar en la siguiente historia:

James Dozier descubrió el poder de la inteligencia emocional 1981. Eso le salvo la vida. Dozier era un general de brigada del Ejército estadounidense había sido secuestrado por las Brigadas Rojas, el grupo terrorista italiano. Pasó dos meses antes de ser rescatado. Sus secuestradores parecían enloquecer a causa de la excitación que rodeó el suceso. Las emociones son contagiosas, y una sola persona puede influir en el entorno emocional de un grupo creando un modelo... La primera tarea de Dozier fue conseguir mantener bajo control sus propias emociones. A continuación, trato de expresar dicha tranquilidad de manera clara y convincente a través de sus acciones. No tardó en percatarse de que sus captores parecían estar "asimilando" su calma. Empezaron a tranquilizarse y a ser más razonables. Más tarde cuando Dozier recordó ese episodio, se convenció de que su habilidad para manejar sus propias reacciones emocionales y las de sus captores le había literalmente salvado la vida. (Campbell,1990). (Goleman, D. 1996, p.35)

Muchos padres, al no aprender a controlar sus emociones, golpean y tratan brutalmente a sus hijos. Esto no es corregir, ni formar: es maltrato infantil. Cuando sienta el impulso de golpear a su hijo, respire profundo por un momento. Piense que ese golpe o palabra ofensiva daña la autoestima y deja reflejada su falta de autocontrol. Las palabras ofensivas, los gestos de agresividad y los golpes físicos, acarrean muchos traumas en la infancia que luego aparecen en la vida adulta de su hijo. El Dr. Dobson dice:

> Cuando se aplica apropiadamente, la disciplina en amor funciona. Estimula el afecto tierno, el cual es posible por el mutuo respeto entre un padre y un hijo. Anima al niño a que respete a las otras personas y a vivir como ciudadano constructivo y responsable. Como podría esperarse hay un precio que pagar para recibir estos beneficios: Requiere valor, consistencia, convicción, diligencia y esfuerzo entusiasta. (Dobson, J. 2004, p.2)

Este tema lleva todo un libro para ser desarrollado, por lo que le recomiendo hacer talleres e indagar sobre entrenamiento en inteligencia emocional. Esto le suma un gran puntaje como ser humano, aportándole una mejora a sus relaciones interpersonales en todas las áreas de su vida.

Tips de inteligencia emocional para evitar perder el control.

- Hágase un observador de sus reacciones. (¿Cuándo? ¿En qué momento? ¿Frente a quién?)

- Aprenda a identificar sus emociones (ira, miedo, tristeza, felicidad, sorpresa y aversión). Reconocerlas a tiempo le da la oportunidad de elegir una mejor reacción.

- Desarrolle pericia en el control de sus impulsos o autocontrol.

- Respire profundo cuando se sienta provocado a manifestar una reacción inadecuada.

- Sea realista, acepte si está irritado y tome distancia. Busque un espacio para respirar y calmar su impulso de respuesta.

- Admita cada emoción y practique el estar consciente de lo que siente en ese momento, no pasa nada, solo deje que el momento pase y se esfume.

- Cuando algo le moleste de sobremanera, réstele importancia y verá que el estado emocional mejora.

Algunas razones por la que muchos padres golpean a sus hijos:

1. **Porque modelan una conducta aprendida.** "Así me criaron a mí" se les escucha decir. Tienden a repetir los patrones formativos de la casa de sus padres. Sin pensar en que sus padres también estaban replicando lo que probablemente habían vivido. En la falta de conocimiento, las conductas tienden a ser repetidas en las siguientes generaciones.

2. **Porque formar es una demanda que excede la paciencia de la mayoría.** La paciencia es un don y una gran parte de las personas lo tienen como materia pendiente. Como padre, madre o tutor, usted debe entrenarse en el control de sus impulsos para practicar la paciencia y tolerancia que es básica en el trato infantil.

   Practique la paciencia siempre que tenga oportunidad. (Haciendo la fila en el banco, en la sala de espera por su médico o mientras aguarda su turno en la caja del supermercado). Lo importante es que sea consciente de la espera y no intente evadirla, sino más bien habítela.

   Evite decir: "Yo no tengo paciencia"

   Mientras espera medite sobre su nuevo aprendizaje: **Esperar.**

3. **Porque desconocen el amor incondicional,** aquel que no depende de la buena conducta del niño para ser amado. Tedd Tripp dice "Usted debe ejercer autoridad, no como un patrón de esclavos, sino como alguien que verdaderamente les ama" (Tripp, 1995, p.20)

   Para hacer uso de estas palabras es fundamental que usted se haya entrenado en el manejo del control de sus impulsos. Le reitero la importancia de hacer los ejercicios antes señalados. Si logra aprender a identificar el momento exacto en que su enojo aparece, podrá evitar usarlo contra su hijo. Ejercitar estas prácticas se convierten en una muestra de amor por su familia, pues un hijo golpeado con ira no logra ver el sentimiento filial que le profesa su padre, madre o tutor.

4. **Porque las demandas de la educación de los hijos en algunas ocasiones superan la capacidad de los padres para afrontarla.**

Como cuando hacen preguntas sobre sexo (¿Qué es eyacular? ¿De dónde vienen los hijos? ¿Qué es coito?) Estos cuestionamientos dejan a muchos padres sin aliento, entonces acuden a levantar la voz, evadir la respuesta, usar palabras hirientes u ofensivas que dañan la autoestima del pequeño/a que ha preguntado. En casos como estos, sea sincero con su hijo/a y respóndale algo como esto: "Más tarde te puedo responder para decirlo en palabras que tú comprendas". Esta respuesta le dará espacio para que respire y trate de explicarlo de la manera más simple posible. Si no sabe cómo hacerlo busque ayuda, pero su hijo/a necesita respuesta, si usted no la ofrece, la buscará afuera.

CUARTO RECURSO:

Motivación personal

Este recurso es vital para mantenerse en marcha, debe sentir la pasión despierta para lograr el éxito en la formación de su hijo/a. Su motivación básica, no debe ser la de quitarse un peso de encima, aunque todos los padres conocemos la responsabilidad que implica la función que hemos decidido asumir. Sin embargo, **tener hijos que sean felices y sanos física y emocionalmente, debe ser su mayor motivación.** De esta manera puede disfrutar al verlos compartiendo con las personas que aman y sintiendo pasión por las actividades o trabajos que realicen.

Formar hijos felices

Cuando estoy en consulta con los pacientes, puedo observar que muchos padres todavía no saben responder a la pregunta:

¿Qué quiere que sean sus hijos? La gran mayoría responde que sean abogados, ingenieros, médicos, peloteros, etc. Pocos responden **que sean felices** trabajando en aquello que le despierte pasión. Que reciban las instrucciones necesarias que los lleve a ser personas exitosas y felices. Considero que esta debe ser su primera motivación para mantener el foco de atención.

El mayor logro es ser padres exitosos

Muchas personas se esfuerzan en alcanzar el éxito en diversas áreas de su vida, sobre todo a nivel profesional y dedican mucha energía y tiempo para crecer en las empresas o negocios que deciden desarrollar. Otros entienden que el éxito se alcanza cuando logran llegar a la fama. Todos conocemos figuras públicas que han ganado mucho reconocimiento mundial, sin embargo, tristemente encontramos la noticia de un suicidio vinculado a un largo periodo de angustia y depresión. **Que su mayor logro sea alcanzar el éxito en la formación de sus hijos.**

Al escribir esta guía, busco desarrollar la madre y el padre exitoso que hay en cada progenitor, puesto que todos queremos lo mejor para nuestros hijos. Es hora de comprender que **ser padres es el mayor privilegio** que la especie humana pueda experimentar.

En sus manos está el poder para formar el núcleo familiar de una sociedad que se inserta a un país. Que, siendo parte de un continente, penetra en la forma de un círculo llamado planeta, del cual, usted es parte y protagonista al mismo tiempo. Su papel estelar viene asignado por el éxito de su trabajo como progenitor, formador de carácter, personalidad y verdaderos seres humanos.

QUINTO RECURSO:

Finanzas personales

En países como el nuestro abundan los hogares con desproporción entre el número de los miembros y los ingresos percibidos. Esto lo vemos fundamentado en la falta de concienciación y el desempeño de las ciencias políticas de países en subdesarrollo. Basado en esto, el pueblo ha creado la cultura de que cada niño llega con su pan debajo del brazo, o la frase de que "donde comen dos, comen tres". Al visualizar de manera independiente los factores que intervienen, cabe señalar, que sea usted consciente o no, los hijos tienen demandas económicas que los padres y tutores deben considerar.

Por esta razón es importante planificar y desarrollar un proyecto de vida donde usted pueda determinar cuántos hijos quiere formar dignamente. A muchas personas les agradaría tener un carro Mercedes Benz último modelo. No obstante, cuando se sienta a considerar el precio, el mantenimiento y el costo de la aseguradora, puede entender que, aunque disponga momentáneamente de los recursos para hacer la compra, a largo plazo, puede ser difícil sostener el mantenimiento cuando el vehículo demande alguna reparación o un simple cambio de gomas.

Si al momento de sostener este manual en sus manos, usted ya tiene uno o dos niños, es conveniente que considere sus ingresos y estabilidad económica antes de hacer un nuevo encargo. Pues los niños no solo demandan alimentos y ropa, sino que las otras necesidades que deberá suplir para ofrecer una formación integral pueden requerir mayor tiempo y recursos.

Minuchin dice *"Las condiciones que permiten o que requieren que ambos cónyuges trabajen fuera de la familia crean situaciones en las que el sistema extrafamiliar puede avivar y exacerbar los conflictos entre los esposos".* (Minuchin, 2003, p.78).

SEXTO RECURSO:

Tiempo de calidad

Este es el recurso por excelencia en la formación de los hijos y al mismo tiempo es el más demandado y escaso de todos los anteriores. En las consultas es notorio que los niños y adolescentes, suplican por mayor espacio de tiempo con los padres. La problemática es generalizada en los momentos actuales. Tanto los padres y madres de escasos recursos como aquellos que disponen de mejor facilidad económica, se encuentran muy acorralados para dedicar ese espacio a sus hijos. Unos porque tienen que producir para las necesidades básicas y otros porque desean mantener el estatus alcanzado.

Lo cierto es, que para formar adecuadamente debemos ser conscientes de todas estas variables. **Es como si llegara el momento de decidir lo que en realidad es valioso para las personas hoy día.** Aunque pudiera ser una situación embarazosa para mucha gente, hay que elegir si se tiene una vida más simple y modesta o menos hijos con mejor formación. La realidad es que los niños y jóvenes necesitan padres y madres presentes en sus vidas, no con regalos, sino con tiempo físico de sus figuras más importantes. Sepa usted que cada hijo tiene sus demandas propias y es necesario darle su espacio a cada uno.

El primer elemento que puede ofrecer a sus hijos para lograr lo antes expuesto, es su amor práctico, su tiempo, atención y protección. Eso lo está haciendo ahora al leer este libro. A continuación, comparto algunas actividades que puede hacer para pasar tiempo con su hijo/a.

- Invítelo con usted cuando salga a lavar el auto, a hacer compras en el supermercado, a la ferretería o al salón de belleza. La idea es que haga uso de todas las excusas posibles para estar juntos.

- Llame desde su trabajo en la hora de almuerzo, no para preguntar por las tareas, sino para contarle como estuvo su comida, y preguntar qué tal la de ellos.

- Dígale que necesita su abrazo en la mañana para tomar energía.

- Invierta sus viernes sociales durante un tiempo para compartir con sus hijos/as.

- Intente hacer algo con sus hijos que implique una planificación; por ejemplo, construir un librero de esquina para el cuarto. Permítale participar y hacer sugerencias.

- Programe un baño de manguera o regadera en el patio una vez al mes, le aseguro que estarán ansiosos esperando el día.

Ser una madre o un padre exitoso, depende solo de usted.

CAPÍTULO III

LAS SIETE CUALIDADES QUE DEBE FORMAR

En este capítulo podrá encontrar la manera adecuada para formar desde el amor sin caer en la permisividad y siendo más efectivo cuando le toque corregir alguna conducta inapropiada de su hijo/a. También presentaré el amor incondicional y la forma adecuada para demostrar su desacuerdo en un momento determinado. Encontrará una vía para transmitir el amor por la familia, de modo que sus hijos puedan institucionalizar este valor a su estilo de vida.

Son valores que le permitirán obtener el éxito como padre, madre o tutor en la formación de aquellos que, por su edad, dependen de manera esencial de sus habilidades como educador. Con esta información se dará cuenta de que el trabajo se desempeña con mayor destreza y los momentos de frustración por el que atraviesan los padres, será cada vez en menor proporción.

Otras cualidades que verá de forma explicativa son los afectos y algunas formas de demostración, la responsabilidad y la manera gradual en que esta puede ser incorporada para el desarrollo de una vida adulta y madura. Además de formar en la fe, independientemente de sus creencias, tendrá la oportunidad de visualizar la importancia de estos valores.

Un tema de mucha relevancia para los padres es la incógnita de con quien se casarán sus hijos, esta es una de las preocupaciones que podrá dejar atrás cuando eduque a sus hijos en la elección de su pareja, de esta forma se aumentan las probabilidades de que tomen mejores decisiones. Su hijo/a aprenderá de usted, cómo elegir de manera más acertada a una pareja. De igual modo ganará ventaja cuando haya formado para la independencia emocional y económica.

Le aseguro que después de trabajar estas cualidades con su prole, podrá sentirse más satisfecho con usted mismo y el resultado obtenido.

A continuación, quiero mostrarle las siete cualidades que debe procurar integrar en el desarrollo de sus hijos.

1. Formando desde el amor

Formar en amor significa estar dispuesto a pagar el precio, la tarea de educar es sumamente ardua, agotadora y sacrificada, implica renunciar a algunas de sus otras prioridades, aspiraciones, creencias, entre otras. Quiero explicar que nuestra generación fue educada para obedecer y hacerlo sin preguntar ni demandar, recibíamos lo que nuestros padres podían o querían dar. Hoy nos ha tocado una generación que cuestiona y hace mayores exigencias cada día.

Por lo que es necesaria una mayor preparación de parte de quienes asumen la responsabilidad de formar y educar hijos en este siglo. Donde nos ha tocado compartir con la nueva generación, todos los avances tecnológicos y el desarrollo que esto implica. No es un secreto que los padres se ven tentados a producir más dinero para mantener un estatus, la presión social es cada vez mayor, tanto para los adultos como para los niños, adolescentes y jóvenes en este tiempo.

Es hora de comprender que para formar a sus hijos en amor usted debe reconocer sus limitaciones y salir del esquema educativo restrictivo en el que resultaba más cómodo educar desde la represión haciendo uso de la frase "porque soy su padre, y yo lo digo". Es imperante que como formador busque todas las alternativas posibles para descodificar las adecuadas demandas de su hijo pues las palabras e imposiciones del pasado ya no son factibles en la nueva cosecha de niñas, niños y adolescentes. En la actualidad, esta élite de educandos está aprendiendo que tiene derechos y que los mismos deben ser respetados.

Los tiempos actuales demandan que usted forme desde el amor y no desde la represión, para eso debe pasar tiempo con su hijo/a, conocer sus sentimientos, gustos, amiguitos y lo que piensa sobre lo cotidiano en el día a día. Cuando le conozca adecuadamente usted empezará a desarrollar las habilidades para interactuar, logrando comunicarse con su hijo desde el amor y la comprensión.

Amor incondicional

Enséñele a su hijo/a y demuéstrele que le ama de manera incondicional, que no importa qué haga o cuántas veces se equivoque, siempre le va a amar. Solo piense por un momento que este es el tipo de amor que Dios tiene por las personas, incluyéndole a usted. Amor incondicional implica que "te amo, aunque no esté de acuerdo con lo que hiciste (bueno o malo), haces o harás en algún momento de tu vida".

Siempre le digo a mi hija Rossiel, que no hay nada que ella pueda hacer por lo cual yo dejara de amarla. Recuerde que **se rechaza la conducta, no a la persona.** Algunos adolescentes cuando llegan a consulta muestran angustia y sentimiento de culpa. Ya han tomado distancia emocional en la familia y se han convertido en la oveja negra. Todo por una travesura infantil que ya fue superada sin causar mayores consecuencias. Sin embargo, los miembros de la familia le continúan señalando como si se tratase de un delito.

El amor incondicional le brinda la oportunidad de rescatar a aquel hijo/a que lo defraudó en un momento dado, ya que no es necesario castigarle toda la vida por un error cometido. Si como padres hacemos un buen papel, podemos identificar el momento de rescate para el hijo pródigo. De la misma manera que los adultos cometen errores, los más jóvenes harán lo mismo e irán incorporando a su vida el aprendizaje de cada lección. Es su deber estar ahí para orientar de manera adecuada, no solo para castigar. Esta es otra manera de demostrar el amor y aumentar la autoestima del que ha fallado.

Valor por la familia

Que su hijo valore y desee estar en casa, que lo disfrute y lo sienta un ambiente seguro y agradable es una hazaña maravillosa. Lejos de pleitos innecesarios, esto precisa que también debe aprender a comunicarse adecuadamente, reconozco que este sería todo un tema. Le recomiendo que busque información sobre la comunicación efectiva, recuerde que, a partir de ahora, *formar para descansar*, es su principal objetivo. Investigue todo lo relacionado con tanta pasión, que al final pueda levantar el premio como formador.

Tips para integrar este valor en su familia:
- Improvise dinámicas cuando estén juntos y pida que cada uno de los miembros diga qué es lo que más le gusta de la familia.

- Que cada uno señale un beneficio de vivir en familia.

- Pregunte: ¿Por qué es importante la familia? ¿Qué te gustaría mejorar de esta familia?

- Si los demás tienen que salir de la casa, ¿a quién eliges para que te haga compañía?

- Haga una lluvia de ideas y pregunte: ¿Qué podemos hacer para agradar a los abuelos?

- Haga planes para pintar la casa, que cada uno elija un color, lo ponen en una fuente y sacan un papelito ganador para ser debatido por los demás.

- Que cada uno exprese qué es lo que más le gusta de la casa, cuál sería su lugar favorito y por qué.

Recuerde que en este momento está conociendo a sus hijos y al mismo tiempo integra un valor por la familia en el corazón de sus pequeños.

Organice los tiempos de comida juntos. En nuestra casa el comedor es el mueble más importante, es el lugar que nos ofrece mayores oportunidades de formación. Desde pequeños, debe acostumbrar a sus hijos a estar en la mesa. Si hasta ahora no lo estaban haciendo, decidan el mejor horario para toda la familia, y ofrezcan un tiempo relajado de disfrute, intercambio, chiste y alegría.

Este es un tiempo en dónde descubre cómo piensan sus hijos, qué cosas prefieren o qué momento están viviendo. Si sienten pena por algún compañero de la escuela o alegría porque viene una tía, este es uno de los mejores momentos para conocer a los hijos, y es lamentable que algunas familias no practican este espacio, perdiendo así una de las más grandes oportunidades de formación.

Le animo a asumir esta práctica como uno de sus mayores compromisos, aprenda a sacar provecho de este espacio. Si su hijo/a habla en la mesa no le interrumpa, le está haciendo un regalo, se está expresando y debe aprovechar para escucharlo. Puede analizar sus expresiones y sabrá si está formando adecuadamente, dicho de otra manera, cada conversación en la mesa le permitirá evaluar su trabajo de formación.

Brindar y recibir afecto

En estos momentos estamos atravesando por la crisis más severa que la humanidad existente haya experimentado, la pandemia del COVID-19 originada en China. La enfermedad de este virus nos está arrebatando el privilegio de abrazar a nuestros seres queridos, una necesidad afectiva que experimentamos los seres humanos. Debemos ser optimistas y pensar que esto también pasará, y que tendremos nuevamente la oportunidad de abrazar a toda la familia.

Sus hijos necesitan ser abrazados, estimados, recibir muestras físicas de amor y cariño. Debe expresar que les ama. Algunas personas encuentran difícil esta tarea porque de niños no lo recibieron. Pero siempre hay tiempo para aprender, practique con sus hijos y permítale ser sus maestros, ellos tienden a ser muy buenos receptores del afecto. Las personas que desde pequeñas reciben muestras de amor, son luego, los adultos que se sienten valiosos, se aman a sí mismos y muestran amor por los demás.

Si usted viene de una familia donde las muestras de afecto eran escasas, entiendo que le puede resultar más difícil que a los demás. En este caso es importante iniciar el proceso desde cero, haciendo movimientos que en principio sean casi imperceptibles para quien recibirá tales prácticas. Así mientras usted aprende a dar afecto, sus hijos aprenden a recibirlo sin apenas darse cuenta, de este modo lo pueden integrar a su vida familiar de manera natural.

Tips para iniciar el proceso de brindar y recibir afectos en la familia:

- Puede iniciar tocando el hombro de su hijo al tiempo que le expresa algo agradable (me alegra que llegaras temprano de la escuela).

- En cualquier momento en el que estén sentados uno al lado del otro, levántese y pase la mano suavemente por su cabeza mientras le dice: "Ahora vuelvo".

- Cada vez que su hijo/a se encuentre observando algo, aproveche de hacerle sentir que usted siente la misma curiosidad e interés en aquello que observa, mientras apoya su brazo por detrás como tratando de mirar también.

- Cuando sienta algún malestar, aproveche de tomar la mano de su hijo/a, llévela a su cara y luego pregunte: ¿Me sientes caliente? ¿Crees que tenga fiebre?

- Otro día amanezca tocando a su hijo varias veces en la frente, cuello, brazos y pregunte con curiosidad: ¿Estás bien? ¿Cómo te sientes? Mientras hace las preguntas, continúa tocando la cabeza, los brazos, las manos… Luego indíquele que tuvo un feo sueño en el que su querido hijo/a estaba muy enfermo. Al final es probable que toda la familia se ría, pero usted habrá tocado muchas veces a su hijo. Con estas prácticas se ira acostumbrando y recibirá los beneficios de los toques físicos y más adelante los abrazos.

- También puede aprovechar un chiste para hacerle cosquillas a su pequeño/a.

Recuerde hacer de estas ideas una práctica diaria e incorpore las suyas propias ya que cada familia tiene sus maneras particulares para interactuar.

2. Formando en fe

Muchos padres pasan por alto este beneficio, creen en Dios, pero asumen que sus hijos también lo hacen sin que ellos hagan nada para cultivar su fe. Los seres humanos vivimos diferentes etapas en el viaje de la vida, disfrutamos momentos inolvidables, unos efímeros y otros más prolongados, podemos franquear alegrías, penas, triunfos, fracasos, salud o enfermedad... y pérdidas irreparables, sus hijos no son la excepción. Llegan a la vida de las personas periodos de sufrimiento y dolor que usted no podrá evitar, aunque lo intente.

Enseñe a sus hijos una fe a la cual asirse, cuando lleguen los momentos de pérdidas y sufrimientos. Obséquiele una fe que se convierta en bastón cuando las fuerzas abandonan, la tristeza diga "presente" y el dolor se haga sentir. Y tal vez... solo tal vez... cuando la pérdida sea alguno de sus progenitores podrán sobrellevarlo de mejor forma. Más adelante mostraré algunos ejemplos de cómo puede hacer lo que le estoy sugiriendo.

Algunos estudios realizados por profesionales de la salud, han asegurado que la fe es un componente positivo en el estado emocional de los individuos:

> Cuando la salud física se ve comprometida, digamos por amigdalitis o una hernia, el tratamiento físico está indicado y es poco probable que hablemos de Dios. Pero no todas las condiciones son tan sencillas. En Margate, innumerables pacientes presentan ansiedad, depresión, ira, odio a

sí mismo, baja autoestima, adicción y amargura. Tales problemas poseen un fuerte componente espiritual que requiere soluciones espirituales. Ahí es donde entra Dios. (Scott, 2014)

La fe es una necesidad inherente al ser humano, pues hay una vida espiritual en cada uno de nosotros. Independientemente de su credo o religión, **enseñe a sus hijos la existencia de alguien superior a la especie humana,** a quien de una u otra manera estamos sujetos, porque ni la filosofía ni las ciencias han dado respuesta a las mayores interrogantes del hombre: ¿De dónde venimos? y ¿a dónde vamos?

Cada padre, madre o tutor tiene el cometido de transmitir a sus hijos una formación integral, la cual incluye todo lo referente a los valores espirituales en los que usted cree. Pero observe algo, creer implica tener la certeza de aquello que ha decidido esperar. Recomiendo entonces que revise sus creencias y sea congruente con ellas, viviendo aquello que dice creer, de esta manera estará en mejor posición para llevar una fe teórica y práctica a la vida de sus hijos e hijas. Esta es una poderosa herramienta para la formación, de hecho, la Biblia habla en innumerables ocasiones, de que los padres deben formar a los hijos con temor de Dios y repetirle sus palabras no solo a estos, sino también a los hijos de ellos, refiriéndose a los nietos.

Además, aparece una cita bíblica en Efesios 6:1-3 que garantiza a los hijos tener éxito y larga vida si aprenden a honrar a sus padres, por lo que, el hecho de tener esta formación, favorece tanto a los hijos como a los progenitores. Independientemente del tipo de religión que usted practique, le animo a que enseñe a sus hijos dos amores que determinarán su felicidad, el amor a Dios, puesto en práctica a través del servicio a sus familiares, amigos y relacionados, además del amor a su propia persona a través del cuidado, respeto, y fidelidad a sus propios valores y principios.

Formar para descansar, implica tener la certeza de que nuestros hijos andan en su camino, que Dios cuidará de ellos, aunque usted no esté presente. Muéstrele el conocimiento de una fe que le sostendrá en sus momentos de crisis y dificultad. Cuando tengan que soportar la pérdida de un ser querido, y esa fe sea aquello a lo que puedan aferrarse para continuar adelante.

Enseñe a sus hijos a reír y a comprender que la vida tiene muchas y grandes oportunidades para celebrar, ría si se cae el vaso, ría por el susto sin importancia, por la alegría del perro, por el mal chiste del amigo, ría si comienza a llover a punto de salir, siempre ría… hay más razones por las que celebrar, que aquellas para penar. Hable en todo momento sobre ser agradecido y usted mismo de gracias en voz alta, no tiene que haber una razón especial para ello.

Si el fracaso toca la puerta, enséñele a su hijo que aprendió una manera de cómo no se logra aquello que quería alcanzar.

Tips para fomentar la fe en la vida de sus pequeños:

- Empiece por agradecer en voz alta todos los días y frente a sus hijos por las cosas simples de la vida. (La oportunidad de que hayan amanecido bien y saludables, porque hay agua en la ducha, por el desayuno y el café caliente, la oportunidad de abrazar y respirar con naturalidad… entre muchas otras).

- Explique a sus hijos sobre la fe que usted profesa y sea congruente con aquello que dice creer.

- Si usted dice ser religioso vaya a la iglesia con ellos, que le vean orar y leer la Biblia.

- Practique su dependencia de Dios, ore con ellos cuando estén preocupados por sus exámenes en la escuela o cuando le duela el estómago. Si usted lo hace, ellos aprenderán a repetir esa conducta cuando se sientan abrumados.

- Recuerde que la mejor manera de enseñar es haciendo aquello que desea fijar en la mente y el corazón de su hijo/a. Enséñele a amar a Dios a través del servicio a las demás personas, pertenezcan estas o no a su credo religioso.

- Cuando viaje con sus pequeños evite peleas con los demás conductores; quien sale temprano tiene el tiempo a su favor. Aprenda y enseñe que dos minutos antes o después, Dios puede salvar sus vidas, es quien controla todo en el universo.

Si usted no es creyente o no practica ninguna religión en particular, hay palabras universales que cruzan fronteras para traer al presente la espiritualidad. Enseñe la compasión, el servicio, la esperanza, el perdón, la paz, y el amor al prójimo.

3. Formando en responsabilidad

Desde pequeños, nuestros hijos tienen la capacidad para aprender muchas más cosas de las que nos imaginamos, aun palabras tan largas como la responsabilidad, tiene cabida en ellos cuando la enseñamos desde el ejemplo. Debemos modelar en los hijos todo aquello en lo que los deseamos formar, sobre todo en los casos donde por su edad entendemos que es difícil de explicar.

Tips para enseñar la responsabilidad:

- Una manera es demostrarle que usted sale a tiempo para llegar al trabajo, estas repeticiones le dejarán un mensaje que su hijo irá integrando a su formación con el paso del tiempo.

- Llévelo con usted cuando salga a pagar la tarjeta de crédito, que le vean depositando la mensualidad del colegio, también hágale saber que está en su computadora pagando las facturas de energía eléctrica o la tele cable.

- Pídale que le recuerde las fechas de pago, de esta manera le da participación en las responsabilidades.

- Muestre mediante el ejemplo que su sí es sí, y su no es no. Que su hijo sea testigo de que usted cumple sus compromisos y respeta los horarios de citas con las demás personas.

- Ofrézcase un domingo a cuidar un rato, el niño de una hermana o amiga, hágalo con esmero y procure que su hijo/a lo perciba; así le estará mostrando cómo deberá cuidar a su hermanito/a si le tocara hacerlo.

Actuar responsablemente es la mejor estrategia para enseñar a los hijos el significado de responsabilidad, conviértase en el superhéroe o el ídolo que ellos quieran imitar.

Asignación de tareas

A partir de los primeros años, los padres deben enseñar a los niños a cumplir con pequeñas responsabilidades, como la de recoger sus juguetes y guardarlos en el lugar indicado, tirar agua a la marquesina con una manguera, o vigilar al hermano más pequeño mientras juega. En la medida que los hijos crecen, esas responsabilidades deben ir en aumento, no de manera casual, sino con horarios establecidos y criterio de compromiso.

Formar para descansar implica enseñar a los hijos a cubrir algunas áreas de ayuda en el sistema familiar. Sin importar el número de hijos, cada uno debe tener tareas asignadas de manera equitativa, si es posible, rotativas.

Los hijos únicos suelen aprovechar la posición de "el príncipe o princesa de la casa" o el reinado que implica su lugar en la familia, algunos, manipulan a los padres que con mucha debilidad les permiten crecer sin colaborar con los quehaceres. Ayude a su hijo/a en la formación de un carácter colaborador, empático, y responsable, sujeto a reglas y ordenanzas. Esto le permitirá en un futuro, respetar reglamentos en el campo laboral y comprender que allí no es el príncipe del entorno, sino un miembro más, de este modo usted estará formando el carácter de su hijo/a para descansar después.

Asumir consecuencias

Hace unos meses, una madre me expresaba que tenía que cambiar a sus dos hijos de colegio porque el mayor, que tenía doce años, había reprobado el curso. Para evitar el *bullying*, ella entendía que debía cambiar a los dos niños de la escuela. En este caso los padres deben enseñar que las acciones tienen consecuencias, y si le evita el *bullying* ahora, el hijo no estará preparado para asumir los compromisos y responsabilidades que llegan con la adultez. Además, estaría sacrificando al hermano menor alejándole de sus amigos, para evitar que el mayor asuma las consecuencias de su descuido.

Asumir las consecuencias le permitirá desarrollar las habilidades necesarias para desempeñar un puesto de trabajo, y salir en busca de la independencia económica. Si hasta aquí, ha entregado una enseñanza correcta a su hijo, estará preparado de ahí en adelante para formar su propia familia asumiendo el compromiso y responsabilidad que esto implica y continuar con un legado del cual usted ha sido el arquitecto.

Brindar reconocimientos

Muchos adolescentes me dicen en terapia, que sus padres nunca toman en cuenta las veces que hacen lo correcto, porque solo están vigilantes para cuando ellos fallan. En muchos casos esta es la postura, porque los seres humanos estamos más prestos a señalar las veces que los demás fallan, que las ocasiones en que aciertan. Lamentablemente esta postura camina a nuestro lado y debemos ejercitarnos en lo contrario, reconociendo diariamente a las personas sus virtudes, y en especial a los hijos.

La práctica de reconocimientos, le capacitará para ver más acciones positivas de sus hijos, y no tienen que ser grandes conductas para ser reconocidas, basta que sean pequeñas acciones, como que su hijo mayor se pare de la mesa llevando su plato y el de al lado al lavaplatos.

El elogio a las pequeñas cosas será el motor que les impulse a hacer obras y acciones más y más grandes cada vez. Estos pequeños reconocimientos suyos, irán formando una mejor valoración personal en sus vástagos, y al mismo tiempo usted le está enseñando a reconocer las acciones y virtudes de los demás seres humanos.

Enseñe a sus hijos a recibir con humildad los reconocimientos, y a otorgarlos a otros con generosidad.

4. Formando en finanzas

Administrando su cuota

Su hijo/a debe aprender a usar correctamente los recursos económicos, así que asigne cantidades menores para que la administre durante la semana, quincena o mes. Si aprende a administrar pequeñas cantidades, se irá entrenando en el manejo de cantidades mayores. Recuerde que usted le está preparando para la vida que asumirá fuera de sus cuatro paredes. Debe aprender a disfrutar una salida con sus amigos o la compra en una plaza, sin perder el control de su presupuesto para gastar. De igual manera fomentar el ahorro le ayudará a aprender a vivir con menos, aunque tenga mejores posibilidades, así cultiva la humildad y baja los niveles de presunción.

En lo personal, pienso que **el dinero tiene tres usos fundamentales que consiste en disfrutarlo, compartirlo y ahorrarlo, el eje central radica en hacer las tres cosas al mismo tiempo.** Si solo disfruta, se convertirá en un disipador egoísta, pero si decide cultivar el altruismo excesivo, terminará pidiendo a otros para sus necesidades. Si opta por ahorrar todo lo que gane será un avaro incorregible. Debe cultivar en sus hijos la empatía por los más necesitados, para que extiendan la mano siempre que tengan la oportunidad de compartir, comprendiendo que es un privilegio poder hacerlo.

5. Formando en educación

Los padres tenemos el compromiso de trabajar en la orientación adecuada y la búsqueda de mejores resultados para nuestros hijos. Cuando ellos están bajo nuestra dependencia y son muy jóvenes, no saben lo que en realidad es más conveniente, por ende, nuestro rol es guiarles en el descubrimiento de sus dones y capacidades.

Preparación académica

Este tipo de formación es uno de los pilares principales para que logre el objetivo final de esta capacitación: "Formar para descansar". Es determinante que planifique un tipo de preparación académica para su hijo/a.

Cuando éramos niños veíamos cómo los padres enviaban a los chicos al taller de mecánica, a la sastrería o al comercio más cercano, con la finalidad de que aprendieran un oficio. A las niñas se les enseñaba a coser y bordar, claro está, no había celulares y redes sociales, pero son de las costumbres que podemos reproducir desde diferentes variantes.

Hoy en día las cosas son distintas pero las necesidades productivas siguen siendo las mismas, por eso es importante que instruya a su hijo/a de modo que al cumplir la mayoría de edad pueda insertarse en el campo laboral. Para que esto sea una realidad, hoy más que nunca es recomendable que sus pequeños puedan estudiar inglés como segunda lengua, asumiendo que es latinoamericano, finalizado este estudio, puede continuar con otro idioma de su interés. Si al terminar el bachillerato su hijo domina varios idiomas, tendrá la tranquilidad de saber que esta capacidad adquirida se convertirá en una fuente de buenas oportunidades en su inserción laboral.

Debe conocer a su hijo e identificar cuáles son aquellas cosas por las que siente pasión y darle apoyo para que las pueda desarrollar, indague con él, sobre la música, la pintura, los cursos técnicos, el comercio y todo aquello que constituya una capacitación en sus años previos a la adultez.

Como padres es nuestra responsabilidad iniciarlos en el campo para la búsqueda de oportunidades y ofrecerles las herramientas necesarias para que aprendan a pescar de manera adecuada y digna. Que conozcan el nivel de satisfacción que produce un logro, ganado por su esfuerzo. Saboreando la victoria de un carácter forjado por el trabajo honesto.

Si logra enseñar a su hijo o hija a trabajar en algo que disfruta, contribuye a **que su satisfacción en la vida esté marcada por mayores tiempos de felicidad y no solo, por momentos de alegría.**

6. Formando para elegir correctamente

Algunos padres desconocen las ventajas de pasar tiempo con sus hijos, este es el espacio que permite guiarle hacia una correcta selección de amigos, compañeros, y pareja.

Tengo una hija de veintidós años, y en mi experiencia como madre pude aprender que uno de los escenarios que más me ayudo a formar a mi hija en una buena selección, fue el tiempo que compartíamos mirando sus películas favoritas. Este espacio les permite a los padres interactuar con los hijos para conocer su manera de pensar. Sería prudente preguntarles cómo afrontarían una situación parecida, y al mismo tiempo persuadir o reenfocar su manera de pensar en función de los valores que queremos formar en ellos.

Es un espacio oportuno para explicarle que en el ambiente escolar todos son sus compañeros de estudio, pero que él o ella pueden elegir quienes serán sus amigos. Esto le permitirá enseñar a sus hijos/as cuáles son aquellas cualidades que deben buscar en quienes serán sus amigos o compañeros sentimentales. Cuando los hijos están pequeños los padres tienen un superpoder para influenciar en la vida de sus hijos, esta es la importancia de mantenerse cerca.

Una de las situaciones que más entristece a los padres es la selección de pareja por la que optan los hijos. Enséñele a elegir de manera correcta según sus principios y valores. Cuando son jóvenes cometen muchos errores y es importante que aprendan de ellos, sin embargo, si usted le puede influenciar para que haga una mejor elección en términos de valores, principios éticos y espirituales, le habrá ofrecido una ayuda que probablemente le agradezca el resto de su vida. Por otra parte, como progenitor/a, saldrá favorecido de la buena selección, pues tener placer con la pareja que eligen nuestros hijos, proporciona bienestar a toda la familia y produce paz.

Observe que no hablo de querer imponer una pareja a su hijo/a, sino de ganar una influencia en su vida que le permita guiarle a tomar una sabia decisión.

7. Formando en autonomía

En las consultas he visto muchos padres molestarse con los adolescentes, cuando cuestionan sus reglas o creencias, como si entendieran que esto debe ser aceptado de manera indisputable. En esta ocasión quiero explicarle la importancia de manejar las diferencias que en ocasiones se presentan en la interrelación con los hijos. Estas diferencias siempre van a estar presentes y son necesarias porque son las que distinguen la individualidad de las personas.

Algunos padres, quieren que sus hijos les obedezcan ciegamente; fomentando este tipo de crianza, ellos no aprenderán a cuestionar y sin darse cuenta, estarán formando a personas sumisas, altamente influenciables por otros y sin criterio propio. Este es el tipo de gente que desean tener los gobernantes. De ahí la importancia de responder a los hijos cuando preguntan:

¿Por qué?

Cuando quiera que su hijo obedezca alguna decisión, explíquele las razones por las cuales considera necesario esa obediencia y trate de conseguir respuestas adecuadas a sus porqués. En algunos casos debe alentarle a ofrecer su opinión.

De este modo le estará preparando para aprender a cuestionar, argumentar y tener su propia opinión de las cosas. Recuerde que usted está ayudando a formar una persona que mañana, desarrollará sus propios criterios, con individualidad de pensamiento y creencias.

Procure entonces, hacer un buen trabajo formativo, para que sus hijos deseen copiar los principios recibidos en su hogar de origen.

Las diferencias deben llevarnos a un aprendizaje, no a una división.

Independencia económica

Si hasta este momento usted ha enseñado a su hijo/a en los temas anteriores, es muy probable que ya esté preparado para encontrar la independencia económica cuando corresponda. Esta es una de las situaciones que con mucha frecuencia encontramos en las consultas. Padres altamente preocupados por el lastre económico que representan sus hijos adultos, ya que los progenitores aseguran continuar siendo los proveedores, por temor a las necesidades básicas que puedan sufrir los nietos.

En esta guía de *Formar para descansar*, obtenemos nuestro propósito, cuando usted logra tener un hijo que se inserta al campo laboral, en aquello que ha elegido y disfruta hacer. Sobre todo, cuando obtiene ingresos que le permitan vivir con dignidad.

Hacer un uso adecuado del salario le permitirá a su hijo/a tomar decisiones financieras acertadas en situaciones futuras, cuando tenga que afrontar de manera directa los gastos de su propia casa o familia. De este modo usted empieza a disfrutar la tranquilidad de una vida económica más desahogada y con menos presiones, sin la preocupación que implica la carga financiera de sus hijos adultos.

Tips para inculcar la independencia económica:

- Conviértase en un motivador de los talentos de su hijo/a para que decida desarrollarlos.

- Anímele a preparar su currículum y a buscar empleo en el área de su preferencia.

- Es conveniente motivarle y acompañarle a abrir una cuenta de ahorro con su primer salario en el banco. Que aprenda a ahorrar un porcentaje mensual es fundamental, puede ser un 10% para iniciar.

- Con el tiempo converse con su hijo/a sobre las ventajas de tener su propio auto, ese puede ser su primer proyecto a conquistar.

- Más adelante pídale ayuda para investigar cómo se puede comprar un apartamento en un proyecto de construcción. ¿Con cuánto se puede adquirir? ¿Cuál sería la cuota mensual a pagar? ¿Por cuantos años? Esta es su investigación, pero le servirá a su hijo para visualizar también una posibilidad para sí mismo.

- De manera sutil usted le puede ir guiando a tener un proyecto en carpeta, de este modo sabrá siempre qué hacer con el dinero. No obstante, recuerde que es joven y necesitará divertirse con sus amigos.

Hasta aquí he mencionado los aspectos más importantes a tener en cuenta para una buena formación. Al poner en marcha las siete cualidades que debe integrar en la educación de sus pequeños, usted podrá evaluar los resultados obtenidos.

Recuerde que para cada una de las variables que le acabo de mostrar, puede hacer uso de los ejemplos de cómo llevar a la práctica cada una de estas cualidades.

Después de todo el entrenamiento ofrecido a los hijos, según explica el Dr. José Dunker en su libro *Cómo criar bien, "Cuando se ponen grandes, hay que SOLTARLOS EN BANDA".* (Dunker, 2020, p.20). Es probable que en algunos casos no se ajuste a su núcleo familiar, pero lo importante es que tenga una idea de cómo hacerlo y adecuarlo a su dinámica de familia.

A continuación, comparto algunos ejemplos de cómo enseñar y motivar la independencia económica en su hijo (a).

Indague lo siguiente:

- ¿Has pensado en la independencia económica?

- ¿Te gustaría la idea de hacer un presupuesto de tus ingresos y gastos?

- ¿Tienes determinada una cantidad para ahorrar durante el año?

- ¿Tus ahorros te permiten abrir un certificado financiero?

- Si fueras a hacer una inversión ¿En qué te gustaría hacerla?

- ¿Tienes en mente algún proyecto que te gustaría desarrollar?

- ¿Qué opinas de ofrecer algún servicio u articulo a través de las redes sociales?

Conversar con su hijo (a) sobre el tema y poner estas preguntas en su cabeza le inducirá a la búsqueda de su independencia económica y le estará ayudando a preparar su salida.

Le animo a avanzar al siguiente capítulo y así terminar el entrenamiento de esta guía.

CAPÍTULO IV

LA INDEPENDENCIA

Función y rol

Los padres ejercen tanto la función como el rol en el proceso formativo de sus pequeños. Sin embargo, si intentásemos diferenciar estas palabras desde la psicología organizacional, debemos considerar que el rol es el papel que desempeña el padre o la madre frente a los hijos, mientras que la función viene siendo la manera o el cómo se desempeña el papel.

Le puedo asegurar que, si su función como formador ha sido desarrollada según la guía que hemos venido planteando, lo más probable es que usted esté listo para cesar en sus funciones. Esto significa que ya no tiene la tarea agotadora que implica el trabajo de formación de su hijo/a, quedando ahora como observador y consultor de su obra maestra. Lo que continúa en marcha de ahora en adelante es su rol de padre o madre.

Para ilustrar esto de alguna manera y aprovechando que los maestros escolares son quienes ayudan en la formación de los niños, quiero exponer lo siguiente: todos hemos tenido la oportunidad de encontrarnos con un antiguo profesor de primaria o de la universidad. Cuando esto ocurre le llamamos "profesor". Sin embargo, ya esa persona no le instruye en la actualidad, fue un proceso de su vida por el que pasó y del que

65

agradece la enseñanza recibida.

De igual modo, y guardando la distancia emocional que implica, lo mismo ocurre con los padres. Nos guían, nos enseñan y nos dan el ejemplo para que luego asumamos sus mismos roles en la adultez cuando decidimos formar nuestras propias familias. Siguen siendo nuestros padres, mas no continúan guiando su proceder diciéndole qué debe hacer y cuándo acostarse o comer. Usted ahora dirige su vida, toma sus propias decisiones y asume sus consecuencias. No obstante, sus padres siguen estando ahí para cuando necesite una orientación, un consejo o simplemente animarle en su proceso de desarrollo.

En esta guía le estoy entrenando para soltar o dejar una función que usted desarrolla por veinte o veinticuatro años, según la cultura de los diferentes países. En la República Dominicana, aunque la mayoría de edad se establece a partir de los dieciocho años; culturalmente los hijos no salen de la casa hasta que se han casado y eso implica que pueden llegar hasta los veintiocho, treinta o treintaidós años. Sin considerar que hay hijos que nunca se llegan a casar y se quedan en la casa de los padres toda la vida. **Con este libro pretendo crear conciencia a los padres, madres y tutores de nuestro país para que comprendan que amar a los hijos es enseñarles a volar hacia la independencia.**

Usted no va a amarle menos por el hecho de enseñarle la libertad que implica tomar las riendas de su vida. Tampoco va a perder a su hijo/a porque este aprenda a vivir una vida adulta y de responsabilidades. Comprenda que usted vivió sus años de juventud desempeñando una función cargada de una inmensa responsabilidad, pero que ahora es tiempo de delegar sobre la misma persona que ha formado.

*Es tiempo de descansar y pasar a ser
un observador del trabajo realizado.*

Soltando el control

Cuando se ha formado de acuerdo a los principios antes mencionado, a partir de este momento, se confía el control a los hijos, permitiéndoles tomar sus decisiones y aprender de sus propios errores. Aquí los padres pasan a ser consultados cuando ellos así lo necesiten y lo deseen. Deberá controlar el impulso de querer decirle lo que debe hacer y cuándo. Hay que reconocer que, para muchos padres y madres, este será un proceso de difícil adaptación. Implica comprender que ya no lo necesitan para sobrevivir.

A continuación, comparto algunos ejemplos de cómo puede iniciar el proceso para soltar el control.

- Inscriba a su hijo/a en clases para aprender a conducir, ya sea que lo haga usted mismo o que le pague una escuela de chofer. Este será todo un proceso.

- Cuando empiece a trabajar llámele a media mañana para confirmar que ha llegado bien.

- Luego de un tiempo, ya no le llame en todo el día, sino a la hora de salida para asegurar que viene en camino.

- Después pídale hacer algún pago o pasar al supermercado cuando venga de regreso a la casa. (Esto le quitará la tensión de esperarle a una hora determinada).

- Cuando salga con sus amigos evite la tentación de llamarle para saber cómo esta.

- Aunque sea penoso, indíquele que ya es adulto y que solo debe comunicar sus salidas o compromisos. Significa que ya no debe pedir permisos, aunque todavía continúe viviendo con usted. Recuerde que está empoderando a su hijo y soltando el control.

Entiendo que algunas de estas sugerencias le pueden resultar difíciles de aplicar, sobre todo cuando se ha tenido hijos bajo mucho control y protección. Sin embargo, le puedo asegurar que la mayoría de situaciones por las que nos preocupamos con ansiedad, no llegan a materializarse.

Este es un tiempo para confiar en que Dios tiene el control de sus hijos y cuida de ellos. Intente darle un voto de confianza. Previamente usted debe ponerse de acuerdo sobre las horas que intentará esperar sin llegar a preocuparse antes de tener algún contacto con su joven adulto.

Tomando el control de su vida

Con el conocimiento de esta guía de *Formar para descansar* le quiero preparar para la difícil tarea de soltar. Ahora demuéstrele a su hijo/a que está orgulloso de su desarrollo y que confía plenamente en él y en su capacidad para tomar sus propias decisiones. De ahora en adelante usted debe dedicarse a observar las acciones y decisiones de su joven adulto y ponerse a la orden para cualquier consejo u orientación. Es en este momento cuando debe aplicar el auto control para evitar la tentación de decirle qué debe hacer, si lo ve perturbado en algún momento. Es más ventajoso si le pregunta: ¿Qué te gustaría hacer ante esa situación?

Recuerde que le está ayudando para que él o ella tomen el control. Felicítese a usted mismo, luego tendrá la satisfacción de haber hecho lo correcto.

Tips sobre cómo orientar a su hijo para que tome el control:

- Instrúyale para que aprenda a organizar su tiempo y actividades.

- Invítelo a destinar un espacio para hacer deporte o montar bicicleta varios días a la semana. (Explíquele que esto le ayudará con el manejo del estrés en sus cambios ambientales y hormonales).

- Motívelo a anotar los proyectos o actividades que desea desarrollar, colocándolos en el orden de sus prioridades.

- Enséñelo a administrar correctamente su tiempo sin dejar para última hora sus asignaciones. Puede pedirle a sus amigos que lo animen a terminar sus proyectos y que él haga lo mismo por ellos.

- Debe crearle conciencia sobre los cambios en sus estados emocionales, que comprenda que esos momentos van a llegar y que debe identificar el tipo de emoción por la que está pasando para que tome el control de sus pensamientos.

- Que aprenda a decir no, es muy importante al momento de ser abordado con actividades y productos dañinos para su salud.

- Que aprenda a visitar ambientes controlados donde ni él ni sus amigos se pongan en riesgo.

Déjelos partir

Este es un momento en verdad difícil de afrontar, aunque al mismo tiempo resulte ser tan natural. Cuando los hijos crecen y se van de casa la mayoría de los padres o tutores no están preparados para esta realidad. En mi experiencia como terapeuta he visto tantas maneras distintas de afrontar este momento que en algunos de los casos he presenciado situaciones muy lamentables. Por esta razón, me siento agradecida de que haya llegado hasta este avance de la lectura del libro, pues *Formar para descansar* le ha hecho un recorrido del proceso que le permitirá dar este paso de la manera más natural posible.

Sin embargo, debo resaltar que **por difícil que le parezca, dejarlos partir es el mejor y último obsequio que le puede ofrecer.** Algunos padres cometen el error de quedarse mimando a los hijos, sean estos adultos solteros o con parejas, lo cual resulta una equivocación. Esta manera de relacionarse con ellos les impedirá crecer como individuos y como familia, convirtiéndose en una carga emocional extra en la etapa final de la vida de los padres. Además, se necesita comprender que los padres no siempre estarán presentes en la vida de sus hijos, de ahí la gran importancia de prepararlos para vivir por sí solos.

En muchos casos cuando los hijos no son preparados para romper el cordón umbilical que los une a su familia de origen, les resulta muy difícil asumir responsabilidades al crear una familia nuclear. Bajo estas circunstancias las personas tienden a fracasar en sus relaciones, pues no están listos para comprometerse con un rol de liderazgo. En el mejor de los casos, pueden asumir la misma postura aprendida y entonces continúan repitiendo el mismo patrón relacional, dañando así, su propia libertad a tener una vejez saludable física, financiera y emocionalmente.

Formar para descansar implica dejar partir. Es llegar a la cumbre, el descanso de los padres. Hasta ahora han trabajado dura y arduamente. Es el momento en que los relacionados y la sociedad en general, le reconozcan su labor por esos hijos extraordinarios que usted ha formado.

¿Qué hacer para dejarlos partir?

- Reconozca que los hijos no son una propiedad, son personas independientes que van a desarrollar sus habilidades del mismo modo que lo hizo usted al formar una familia.

- Ayúdele a hacer planes y aporte algunas ideas.

- Hagan acuerdos sobre cuáles días irá a visitarlos.

- Comparta con su hijo/a las actividades que usted realizará a partir de ese momento. (Salir más con su pareja, formar un grupo de amigos, escribir un libro, hacer un curso por internet…)

- Póngase a la orden y demuestre estar dispuesto/a a dar un apoyo o consejo si lo necesita.

- Muéstrese optimista y anímele con palabras de afirmación: "Estarás bien", "eres un hijo/a excelente", "lo estás haciendo bien", "agradezco a Dios por ti", "me da mucho gusto ver tu crecimiento personal".

- Haga un ritual de despedida, como cuando alguien de la familia se va de viaje. (Se le ayuda a empacar, le recuerda cosas que no debe olvidar, hacen chistes sobre el viaje y le encamina a la salida).

- Recuerde que puede agregar tantas ideas y actividades como quisiera. Lo importante es hacer el momento lo menos traumático posible.

- A partir de ese punto procure estar pendiente de sus reacciones emocionales, pues esta es una de las etapas por las que atraviesan las familias. Generalmente cada cambio en las etapas genera estrés y desestabiliza el núcleo familiar; por esto los estados de ánimo se pueden alterar provocando en la pareja y los demás miembros de la familia peleas innecesarias o sin sentido.

¿Y si es tarde para mí?:

Tengo hijos adultos viviendo en mi casa

Cuando leemos un libro como este, en ocasiones pensamos que ya es tarde porque nuestro tiempo de formar ya pasó, y bien o mal ya no podemos hacer nada. Sin embargo, siempre hay algo que se pueda hacer al respecto. Pues es obvio que las personas cometemos errores y los padres no son perfectos, así que, si nos hemos equivocado en el proceso de formación, reconocerlo nos engrandece. Aunque pueda resultar difícil acogerse a esta recomendación, estoy segura de que, si usted ha llegado hasta aquí en su lectura, estará bien preparado para dar este paso.

El poder de la autoridad

Si ya su hijo/a es una persona adulta y continúa siendo un lastre para la familia, viviendo, sangrando sus energías y recursos económicos, entonces considero que usted es un candidato al uso de la autoridad. Comprenda bien que durante los temas antes tratados explicamos al detalle las características que se debían formar para no llegar a este punto. Como señala el capítulo, estamos hablando de padres que por razones diversas no entregaron estas herramientas a sus hijos cuando estaban en el proceso de formación y que ahora están frente a ellos adultos dependientes.

Según Salvador Minuchin (1998):

> Las familias son sistemas complejos compuestos por sujetos que necesariamente ven el mundo desde sus propias perspectivas únicas. Tales puntos de vista mantienen a la familia en estado de tensión equilibrada, como en los nudos

de una cúpula geodésica. La tensión se encuentra entre el sentido de pertenencia y la autonomía— entre el yo y el nosotros—.

Si este es su caso, prepare una cena o encuentro familiar y resalte las cualidades de cada hijo y exprese su afecto por ellos. Reconozca que usted no es perfecto y probablemente se equivocó al aceptar que alguno haya formado familia dentro de su casa. No obstante, puede señalar que no tenía los conocimientos adecuados en la época en que le tocó educar. Aun así, ya no puede continuar llevando una carga emocional y económica, que cada día cobra más peso y que excede su capacidad de soporte. Haga un plan con ese hijo/a y señale el tiempo disponible para que él o ella, consiga buscar su independencia.

Abandone la culpa

En esta guía de *Formar para descansar* quiero dejarle una manera de aprender a realizar nuestra función como padres. Sin embargo, muchos progenitores no han tenido los conocimientos necesarios para desempeñar tan encomiable labor.

La culpa, es una imputación a alguien de una determinada acción como consecuencia de su conducta. Sin embargo, este no es el caso de los padres, estos por lo general están deseando hacer lo mejor posible para sacar adelante su descendencia.

Si no logró hacerlo de la mejor manera, tampoco se castigue por haber hecho todo lo que sabía. Allí usted puso a disposición de sus hijos lo mejor que recibió de su hogar de origen, la sociedad y las experiencias vividas.

¿Todavía cree que debe culparse? Si así fuera, ¿en qué ayuda? Libérese ya, y decida abrazar la oportunidad de ayudar a otros con la experiencia adquirida a partir de ahora.

Otras oportunidades

A partir de sus nuevos conocimientos ya tendrá los insumos para hacerlo mejor, lo que fortalecerá las relaciones conyugales de sus hijos adultos. Si están casados y le han dado el privilegio de ser abuelo/a, tiene una extraordinaria oportunidad de colaborar de manera positiva.

Ofrezca sus orientaciones sin imponerse, no desde el trauma de una vida de calamidades, sino desde el logro de sus aprendizajes.

Converse con sus hijos acerca de la importancia de proporcionar afectos, valores y enseñanzas que guíen a sus nietos a una vida de éxito. Donde la felicidad sea su diario vivir, no el momento o la circunstancia de un rato de alegría. Tenga presente que la vida le ha otorgado la experiencia de los años y puede ofrecerla de buena voluntad para el beneficio de su contexto familiar.

A partir de ahora quiero señalar lo que usted puede hacer con sus hijos:

- Puede sugerir.

- Dar consejos (Cuando lo pidan).

- Aportar ideas.

- Influenciar de manera positiva.

- Ayudar desde afuera.

Tiempo de descansar

Llegando a la tercera edad el merecido descanso

Este es el momento que algunos padres temen ante la interrogante de: ¿Qué hago con mi vida ahora? Psicológicamente se conoce como síndrome del nido vacío. Con los avances tecnológicos y los tiempos modernos, este nido puede variar su contenido, en lugar de sentirse vacío puede abrir la oportunidad para nuevos retos. Como hacer una nueva carrera, aprender un idioma, salir en pareja, compartir con viejas amistades, escribir un libro, y por qué no, aprender a descansar pasando tiempo consigo mismo.

Eduque con el ejemplo y espere hijos congruentes en sus acciones y palabras.

Luego de las enseñanzas anteriores y de haberle dado la oportunidad de conocer una fe genuina, **enseñe a sus hijos a reír y a comprender que la vida tiene muchas y grandes oportunidades para celebrar.**

Si el fracaso toca la puerta, **enséñele a su hijo que aprendió una manera de cómo no se logra aquello que quería alcanzar.**

Para terminar este recorrido quiero felicitar su disposición de aprendizaje y su entrega para poner en práctica los principios y recomendaciones señaladas. Espero que el éxito le alcance en esta formación que ha optado recibir para el logro de un entorno familiar saludable. Conociendo sus límites y empoderando su autoridad como padre, madre o tutor, usted podrá obtener la paz que todo progenitor desea al llegar a la madurez. Teniendo hijos responsables e independientes que asumen el compromiso de sus acciones.

Resumen final

Enséñele:

1. A dar y recibir afectos (amor por la familia, compartir una comida al día).

2. Una fe que lo sostenga en momentos de crisis.

3. A asumir responsabilidades (ayudar en los quehaceres de la casa).

4. A administrar correctamente los recursos.

5. A elegir a los amigos y a la pareja de acuerdo a sus principios.

6. A identificar sus dones, habilidades y destrezas para la autonomía.

7. El beneficio de la independencia económica.

8. A formar su propia familia.

Todas las enseñanzas se afirman cuando usted es el modelo, aquella conducta que desea ver en sus hijos, debe ser replicada en su vida.

Es necesario practicar la inteligencia emocional con sus vástagos.

Toda una nación puede cambiar si usted decide hacer su parte, porque cuando usted se transforma los demás lo hacen también.

Además, está proveyendo seres humanos dignos de admiración porque suman valor al planeta del cual somos parte.

Recuerde que debe trabajar la formación de sus hijos para que sean personas felices y agradecidas desde su infancia.

No olvide que golpear solo demuestra la demanda de una capacidad que necesita adquirir.

Y finalmente, siempre tenga presente que somos un equipo porque trabajamos para un mismo propósito.

Bibliografía

- Bunker, D. (2020). Cómo criar bien. Búho.

- CEPAL. (10 de 07 de 2020). *Protección social para familias con niños, niñas y adolescentes en América Latina y el Caribe: un imperativo frente a los impactos del COVID-19.* (CEPAL, UNICEF, Ed.) Recuperado el 05 de 03 de 21, de https://repositorio.cepal.org/bitstream/handle/11362/46489/1/S2000745_es.pdf

- Dobson, J. (2004). Atrévete a disciplinar. Miami, Estados Unidos: Vida.

- Goleman, D. (1996). Inteligencia Emocional. Madrid, España: Kairós.

- Minuchin, S. (marzo de 2003). Familias y Terapia Familiar. (octava). Barcelona, España: Gedisa.

- Real Academia Española. (s.f). *https://dle.rae.es/*. Obtenido de Dicionario de la Lengua Española.

- Scott, R. . (2014). Punto de vista: la religión beneficia la salud. (Real Colegio de Médicos Generales, Ed.) *British Journal of General Practice, 64.* doi:https://doi.org/10.3399/bjgp14X680569

- Tripp, T. (2016). *Cómo Pastorear el Corazón de Tu Hijo.* Antioquia: Poiema Publicaciones.

Acerca de la autora

Mayra Adames Henríquez, nació en La Vega, República dominicana.

Es licenciada en Contabilidad (CPA), con postgrados en Alta Gerencia con más de veinte años de experiencia. Sin embargo, su pasión por el servicio a los núcleos familiares le llevó a formarse como Psicólogo clínico, con un Master en Terapia Familiar. Así mismo, es Coach Espiritual de la Universidad del Alma de Colombia.

Actualmente se desempeña como sub directora del Ministerio Cristiano Edifiquemos Juntos, pertenece al *staff* profesional del Instituto Médico psicológico de Atención a la Familia (IMAFA), maneja grupos de crecimiento personal en redes sociales y promueve grupos de parejas saludables.

Sigue su trabajo de cerca a través de sus redes sociales

E-mail: mayra.adames@hotmail.com

Instagram: @mayra_adames

BIENETRE
EDITORIAL